MAREIKE VÖLKEL

Spielen mit Krippenkindern

Morgenkreis

HERDER
FREIBURG · BASEL · WIEN

www.herder.de

Umschlaggestaltung: Sabine Ufer
Umschlagfoto © FatCamera – GettyImages
Fotos im Innenteil: Mareike Völkel
Satz und Gestaltung: Sabine Ufer

Herstellung: Graspo CZ, Zlín
Printed in the Czech Republic

ISBN 978-3-451-39400-3

Inhalt

Einführung

Herzlich willkommen!

Sie arbeiten in der Betreuung von jüngeren Kindern bis 3 Jahren? In Krippe, Kita oder Kindertagespflege, vielleicht auch in einem Familienzentrum oder einer Mutter-Kind-Kureinrichtung? Sie sind daran interessiert, ein Morgenkreis-Angebot neu einzuführen? Sie wollen Ihr bestehendes Angebot fachlich fundiert ausweiten? Sie suchen qualitätvolle Anregungen und Inspirationen, die sich im Alltag mit den Kindern gut umsetzen lassen? Praxiserprobt und auf die Bedürfnisse der Jüngsten zugeschnitten? Vielleicht wollen Sie Kinder der Gruppe besonders begleiten und verschiedene Entwicklungsbereiche speziell anregen sowie bestehende therapeutische Interventionen alltagsorientiert unterstützen?

Ich lade Sie herzlich ein, Impulse aus meiner Arbeit in 14 Angeboten, die sich am Jahreslauf orientieren, aufzunehmen und angepasst an Ihre Gruppe zu übernehmen sowie weiterzuentwickeln.

Ich habe bei diesen Angeboten im Jahreskreis bewusst die Möglichkeit offengelassen, die beschriebenen Impulse beispielsweise in christliche Feiertage einzubinden. So kann das Angebot „Eier" gerne in das Osterfest integriert werden, eine Umsetzung ist aber auch abgekoppelt davon möglich. Das Angebot „Licht" kann achtsam und in Besinnlichkeit als Einstimmung für Sankt Martin, den Nikolaustag oder Weihnachten genutzt werden.

Zu Beginn möchte ich in einer theoretischen Einführung, vor dem Start in die Praxis, gerne darauf eingehen, welche fachlichen Hintergründe ich in den pädagogischen Angeboten sehe. Ich erläutere Chancen, die sich aus Morgenkreis-Angeboten ergeben und gehe ein auf die pädagogische Grundhaltung, die den Kontakt mit den Kindern bestimmen sollte.

Alle interessierten Menschen, die dieses Buch lesen, möchte ich willkommen heißen und spreche Sie auf den folgenden Seiten als Erwachsene oder auch pädagogische Fachkräfte an. Damit meine ich alle Menschen, egal welcher Herkunft und welchen Geschlechts.

Mareike Völkel

Noch mehr Projektideen inklusive kreativer Angebote sowie Vorlagen finden Sie in meinen Projekt eBooks auf www.mareikevoelkel.de

Pädagogische Angebote und Morgenkreis – (heil)pädagogische Gesichtspunkte

Als Heilpädagogin arbeite ich ganzheitlich und kann mit Hilfe von bestimmten Angeboten Entwicklungsprozesse beobachten, Rückschlüsse ziehen und gezielt verschiedene Bereiche anregen: Merk- und Konzentrationsfähigkeit, soziales Gruppenerleben, Wahrnehmung, sprachliche sowie motorische Bereiche und die Entwicklung der Persönlichkeit.
Sich gemeinsam als Gruppe zu verstehen, einander zuzuhören und selbst etwas beizutragen sind wichtige Vorläuferfähigkeiten und Erkenntnisse für den Schuleintritt und das ganze weitere Leben. Festzustellen, an einer Aktion keinen Spaß zu haben, das zu äußern und ernst genommen zu werden, ist ebenfalls eine wertvolle Erfahrung für die Kinder.

Mit gezielten Angeboten bietet sich eine Möglichkeit, die Entwicklung der Kinder zu verfolgen, zu dokumentieren und auch anzuregen.

Vorteile von pädagogischen Impulsen und Morgenkreisangeboten

- Pädagogische Impulse bieten die Chance, allen Kindern gezielt ein Angebot machen zu können, das ihren Bedürfnissen entgegenkommt.
- Auch Kinder, die beispielsweise aufgrund körperlicher Grundvoraussetzungen nicht von allein in die Erkundung starten können oder aus welchen Gründen auch immer in einem eher bildungsfernen Milieu aufwachsen, können gleiche Chancen erhalten.
- Bildung und Wissen sind eine Grundlage für die Zukunft – eine Investition in unsere Gesellschaft.
- Pädagogische Angebote bieten die Möglichkeit, Bindung entstehen zu lassen und sich bewusst einer Gruppe oder einem Kind zuzuwenden.
- Das Wissen über die Inhalte und Förderaspekte der Angebote eröffnet die Chance, die Entwicklung einzelner Kinder gezielt zu betrachten und anzuregen.
- Die pädagogische Fachkraft kann so ihren Bildungsauftrag erfüllen und bemerken, wenn ein Kind besondere Unterstützung benötigt.
- Das Wissen hilft in Entwicklungsgesprächen und der Elternarbeit sowie bei der Zuarbeit und Einschätzung beispielsweise von Frühförderangeboten.

Ausgiebiges und selbst gewähltes Freispiel sollte viel Zeit am Tag einnehmen. Daneben ist es sinnvoll, mit speziellen Angeboten und Projekten zu arbeiten: So haben die Kinder längere Zeit die Möglichkeit, sich mit einem Thema zu befassen, und es werden viele Entwicklungsebenen und Bildungsbereiche angesprochen.

Bildungsbereiche

Vom ersten Lebenstag an erobern Kinder ihre Welt. Sie lernen, die Welt zu verstehen und sich in ihr zurechtzufinden – entsprechend dem Alter und bereits entwickelten Fähigkeiten. „Bildung" ist daher als ein Prozess der Selbstbildung zu verstehen: Aufgabe der Erwachsenen ist es, diesen Selbstbildungsprozess aktiv zu begleiten. Die Bundesländer haben verschiedene Anforderungen und Bildungsbereiche, die in Kita und Kindertagespflege beachtet werden müssen. Der Heilpädagoge Emil E. Kobi (1935–2011) fand sechs Fähigkeitsbereiche, die in der Heilpädagogik das pädagogische Handeln prägen. Diese sind ähnlich den Orientierungs-/Bildungsplänen der Bundesländer.

- Psychomotorik
- Perzeption (sinnliche Wahrnehmung)
- Sprache
- Kognition
- Affektivität
- Soziabilität

Das isolierte Fördern eines Bereiches ist praktisch nicht möglich, denn die Selbstbildung ist ein ganzheitlicher Prozess: Für den Bereich Sprachentwicklung bedeutet das beispielsweise, dass kognitive Fertigkeiten (Erfassen und Wiedergebenwollen des Wortes), soziale Faktoren (Ich möchte meinem Gegenüber etwas begreiflich machen) und auch die motorische Entwicklung (Nutzen des Mundes, der Zunge sowie Gestik und Mimik) beim Spracherwerb notwendig sind; die Bereiche greifen ineinander. Es ist jedoch möglich und manchmal nötig, Schwerpunkte zu setzen. Grundsätzlich und praktisch ist allerdings eine alltagsintegrierte Begleitung und partizipativ umgesetzte Förderung von Kindern am sinnvollsten.

Wichtig ist, die Individualität des einzelnen Kindes zu be(ob)achten – und das in allen Bereichen.

Dauer und Umsetzung der Impulse müssen an die Gruppe angepasst werden. Dann haben die Kinder in gezielten Angeboten oder einem Morgenkreis über einen längeren Zeitraum die Möglichkeit, sich auf ein spezielles Thema einzulassen, Vorstellungen und Fragen zu entwickeln und diese zu bearbeiten. Im sozialen Miteinander ergeben sich während der Angebote direkte Kontakte mit Gruppenmitgliedern, die im freien Spiel weniger gewählt werden. So entstehen neue soziale Verbindungen für das nächste Freispiel.

Angebote planen

Günstig und sinnvoll ist es, die Angebote und Morgenkreisideen im Voraus zu planen und dabei die speziellen Wünsche und Bedürfnisse der Kinder zu berücksichtigen. Werden die Ideen der Kinder aufgenommen und in die Angebote eingearbeitet, fühlen sie sich gesehen und wertvoll. So kann eine dialogische Beziehung auf Grundlage von Partizipation entstehen.

Ein weiterer Vorteil langfristiger Planung liegt darin, dass so genau ersichtlich ist, welches Material benötigt wird. Einige Fachkräfte arbeiten gern mit dem Kamishibai oder dem Steckbrett, andere nutzen Geschichtensäckchen oder singen gern, wieder andere nutzen Handpuppen als Medium. Es bietet sich an, einen kleinen, an die eigenen Vorlieben angepassten Fundus anzulegen und die Materialien an einem geeigneten Ort aufzubewahren: In **Jahreszeitenkisten** oder einem **Morgenkreiskoffer** gelagert, ist das Material jederzeit schnell griffbereit und der – über die Jahre wachsende Fundus – immer einsatzbereit.

Besonders sinnvoll ist es, ein Angebot zu planen, wenn die Fähigkeit eines bestimmten Kindes beobachtet oder gefördert werden soll. So kann eine Heilpädagogin beispielsweise versuchen, während eines Spiels zu beobachten, ob es einem Kind möglich ist, bestimmte Geräusche in der Gruppensituation herauszufiltern. Wird das Angebot im Morgenkreis umgesetzt, profitiert die gesamte Gruppe, und das einzelne Kind fühlt sich nicht in einer Sonderrolle. Um ein Kind möglichst objektiv einschätzen zu können, ist es wichtig, professionelle Beobachtungen vorzunehmen. Einschätzungen der Entwicklung und Abweichungen von Entwicklungsverläufen können so rechtzeitig erkannt werden. Wichtig ist, dass bei Entwicklungsverläufen die Beobachtungen systematisch und über einen längeren Zeitraum erfolgen. Jedes individuelle Angebot, die Arbeit mit der Gruppe, Elterngespräche sowie die eigene Reflexion beruhen auf Beobachtungen.
Natürlich ist es möglich und manchmal auch notwendig, von der Vorplanung abzuweichen und spontan während eines Angebotes zu reagieren, etwas wegzulassen, umzustellen oder den Morgenkreis zu verlängern. Wenn bestimmte Angebote wiederholt werden, haben die Kinder die Möglichkeit, sich Reime, Lieder und Abfolgen besser zu merken. Auch wenn an jedem Oster- oder Weihnachtsfest bestimmte Rituale wiederholt werden, ist es für die Kinder eine wertvolle Lernerfahrung. So verstehen sie den Jahreskreis.

Die Impulse und Ideen in diesem Buch sind so ausgerichtet, dass sie alle Entwicklungsbereiche und Sinneskanäle ansprechen. Der Spaß steht an erster Stelle, und er wächst bei den Kindern, wenn sie Wiederholungen erleben und schon wissen, dass gleich etwas Witziges passieren wird. Es ist wichtig, dass auch die pädagogische Fachkraft während der Arbeit Spaß hat und authentisch bleibt.

Übergänge begleiten

Oftmals ist ein Argument gegen pädagogische Angebote und Morgenkreissituationen, dass die Kinder aus dem freien Spiel herausgerissen werden. Neben ohnehin schon alltagsbedingten Übergängen komme ein solcher Abbruch hinzu und zwinge die Kinder in nicht selbst gewählte Situationen. Oder es wird vermutet, Kinder vor dem dritten Lebensjahr könnten sich nicht auf solche Angebote konzentrieren und würden genötigt, sitzen bleiben zu müssen. Auf der anderen Seite wird festgestellt und gefordert, Kinder bräuchten Rituale, eine Struktur und Bildung.
Ein absolut gewaltfreies Umsetzen der Angebote ist oberstes Gebot. Nur wenn die erwachsene Person in einer gleichwertigen und freundlichen Verbindung mit den Kindern ist, kann ein bereichernder Dialog gelingen. Wichtig ist, dass die sogenannten Übergänge, Mikrotransitionen genannt, von den erwachsenen Personen in der Einrichtung bewusst wahrgenommen und für die Kinder feinfühlig und entwicklungsgerecht umgesetzt und begleitet werden. Insbesondere Raumwechsel verursachen bei sehr jungen Kindern oftmals Stress und sind damit manchmal eine emotionale Belastung. So kann beispielsweise der Übergang vom Frühstückstisch in das Bad schon eine schwierige Situation darstellen. Werden Situationswechsel angekündigt und beispielsweise durch ein Lied oder einen Reim sensibel begleitet, können die Kinder leichter in den neuen Moment hineingleiten. Auch eine immer gleichbleibende Struktur des Tagesablaufes ermöglicht den Kindern das Erleben von festen Meilensteinen, an denen sie sich orientieren können.

Das sensible Eingehen auf die tagesaktuelle emotionale Grundstimmung ist wichtig und Teil der pädagogischen Arbeit. Durch das spontane Aufnehmen dieser Gegebenheiten in den Morgenkreis kann die pädagogische Fachkraft sogar etwas Einfluss auf das weitere Tagesgeschehen nehmen und Themen der Kinder bearbeiten und beispielsweise mittels Bindungsspielen im Morgenkreis lenken und reflektieren. Sie muss immer gut im Blick haben, dass die Angebote und Themen altersentsprechend umgesetzt werden und keine Trigger, beispielsweise bei traumatisierten Kindern, darstellen. So kann beispielsweise ein „Feuerwehrangebot" oder das Hören einer Sirene einen Trigger darstellen.

Beginn und Abschied – Rituale rund um den Morgenkreis

„Wie soll ich am besten beginnen, wenn ich einen Morgenkreis in den Gruppenalltag einführen möchte?“ Diese Frage wird mir häufig gestellt. Wenn ein Morgenkreis etabliert werden soll, ist es wichtig, bei Kindern bis drei Jahren ganz kurz und einfach zu beginnen.
Es empfiehlt sich, den Morgenkreis mit einem Einführungsritual einzuleiten. Das kann das Anschlagen einer Klangschale, das Zählen der Kinder, Benennen der Wochentage, einfach das Singen eines Liedes oder Aufsagen eines Reimes sein. Es sollte so gestaltet sein, dass die Kinder es als bereicherndes Angebot empfinden und mehr wollen.

Gelingender Einstieg mit Klangschale/Gong

An Klangschale oder Gong zeigen viele Kinder großes Interesse. So kann zum Frühstück schon eine Klangschale bereitstehen. Mit den Kindern wird besprochen, dass sie diese nach dem Toilettengang und Händewaschen noch einmal genau ansehen können. An dem Ort, wo der Morgenkreis stattfinden soll, wird sie angeschlagen. Sicher kommen einige Kinder von sich aus dazu. Sie werden gebeten, sich hinzusetzen und die Klangschale herumzugeben. *„Jeder darf die Schale einmal anschlagen. Wartet bitte, bis jedes Kind an der Reihe war, und bleibt gern hier bei mir.“*
Wenn die Schale wieder bei der erwachsenen Person angekommen ist, kann sie sagen: *„Jetzt haben wir lang zusammengesessen, das hat mir richtig gut gefallen. Nun lasst uns aufstehen und uns recken und strecken und drehen.“*
Dazu kann ein Lied gesungen werden, zu dem sich alle drehen und klatschen. Beispielsweise zur Melodie „Alle meine Entchen“:

Alle meine Kinder drehen sich im Kreis,
drehen sich im Kreis,
klatschen in die Hände,
lauter und dann leis.

Text: Mareike Völkel

Danach kann sich die erwachsene Person bei den Kindern für die schöne Zeit bedanken und mit den Kindern verabreden, dass sie die Klangschale am nächsten Tag wieder anschlagen können.

Am folgenden Tag lässt die pädagogische Fachkraft wieder die Klangschale/Gong ertönen und sagt beispielsweise: *„Erinnert ihr euch an unseren Kreis? Kommt, wir machen das noch einmal. Einen Kreis, einen Morgenkreis."* An diesem zweiten Tag kann sie etwas Unbekanntes und Neues einflechten, das das Neugierverhalten der Kinder anspricht. Dazu bietet es sich meistens an, etwas aus einem Beutel holen zu lassen. Auch Handpuppen fesseln die Aufmerksamkeit der Kinder häufig. Wenn die pädagogische Fachkraft mit Freude und dem Blick auf das einzelne Kind, aber auch die Gruppe, dabei ist, wird der Morgenkreis gelingen.

Wenn Sitzkissen für den Kreis genutzt werden, was ich auch aus entwicklungsphysiologischen Gründen Stühlen gegenüber immer vorziehen würde, mögen es viele Kinder, wenn sie aus den Kissen einen Kreis legen können. Der Vorteil ist, dass ein enges Zusammenrutschen möglich ist, aber auch ein klares Abgrenzen voneinander. Erste Raum-, Lage- und Mengenbegriffe entstehen sowie das Empfinden einer sinnvollen Mitgestaltung der folgenden Aktivität. Außerdem sind die Sitzkissen schnell weggeräumt, insbesondere wenn während des Angebotes ein Bewegungsspiel eingebaut wird.

Lieblingslieder und Verse zur Begrüßung

Liebe Kinder, kommt schnell her – Lied

Sehr junge Kinder mögen es meistens, wenn immer wieder das gleiche, verlässliche Lied gesungen wird.

Liebe Kinder, liebe Kinder,
kommt schnell her, kommt schnell her,
wir wollen uns jetzt treffen, wir wollen uns jetzt treffen
der Kreis ist noch ganz leer, der Kreis ist noch ganz leer.
Oder: im Kreis hier bitte sehr, im Kreis hier bitte sehr.

Text: Mareike Völkel (Zur Melodie „Bruder Jakob")

Ach, wer ist denn heute hier?

Ein kleiner Vers für etwas ältere Kinder, die schon im Kreis sitzen.

Ach, wer ist denn heute hier,
wer sitzt denn heut rechts (links) neben mir?

Text: Mareike Völkel

Halli, hallo!

Ach, ich freue mich ja so, ihr seid heut da, Halli hallo!
Lasst uns jetzt gemeinsam lachen, reden, singen, Sachen machen.

Text: Mareike Völkel

Jedes Ende ist ein neuer Anfang – Verse begleiten in den Tag

Ich winke euch zum Abschied

Dieser Vers/Lied ist gut geeignet, um die Kinder noch einmal intensiver partizipieren zu lassen.

Ich winke euch zum Abschied, auf Wiedersehen, auf Wiedersehen,
mit euch war es auch heute wunderschön.
Ich zwinker euch zum Abschied zu ...
Ich klatsche euch zum Abschied zu ...
trommeln, schnipsen ...

Text und Melodie: Mareike Völkel
Youtube-Video von Mareike Völkel: https://youtu.be/GoC5KooFndY

Der Morgenkreis ist zu Ende ...

Dieser kurze Vers ist gut geeignet, um den Übergang vom Morgenkreis in andere Aktivitäten des Tages zu begleiten.

Der Morgenkreis ist zu Ende,
wir klatschen in die Hände.
Wir werden gleich im Garten
(beim Spielen, beim Essen ...) sein,
das wird fein!

Text: Mareike Völkel

Herbst

Der Herbst färbt alles bunt, es gibt noch einige warme Tage. Bevor er die Menschen, Tiere und Pflanzen langsam in den Winter hineingleiten lässt, überlässt er uns eine köstliche und reichhaltige Ernte, für die es sich lohnt, dankbar zu sein. Dankbarkeit und bewusstes Wahrnehmen der Umwelt hinterlassen ein gutes Gefühl und hemmen Stress. Angebote mit Tieren lassen zu, dass Kinder sich helfend erleben oder auch, dass eine Identifikation stattfinden kann und sie eigene Erlebnisse bearbeiten können.

Klammerigel

- **Material:** ein Kissen, ein brauner/beiger Bezug oder eine Decke, Klammern, eventuell Knöpfe, ein Bild, ein Stofftier oder Buch von einem Igel

Begrüßungsrunde

Im Kreis liegt das oben aufgeführte Material, bis auf die Klammern. Diese wurden vor dem Morgenkreis im Raum versteckt, eine Klammer befindet sich in der Hosentasche der pädagogischen Fachkraft. Sie lenkt anhand des Fotos vom Igel das Gespräch mit den Kindern auf dieses Tier. Dabei sollten die spitzen Stacheln angesprochen werden und auch, dass der Igel sich zusammenrollen kann.

Tipp

Das können die Kinder einmal probieren, indem sie sich in den Fersensitz setzen und langsam nach vorn beugen, bis der Kopf auf dem Boden liegt. Das erfordert eine gewisse Handlungsplanung und die Möglichkeit einer Übertragung, ist aber auch eine Position, die vielen Kindern naturgegeben leichtfällt.

Weiter geht's

Die erwachsene Person schlägt vor, gemeinsam einen Igel aus den Materialien zu basteln und fragt, wer Lust hat mitzumachen. Sie beginnt mit den Kindern gemeinsam, die braune Decke um das Kissen zu legen, so, dass nur noch ein Kissenzipfel als Schnauze hinausschaut. *„Aber was fehlt denn unserem Igel?“*, kann sie in die Runde fragen. Vielleicht erraten die Kinder, dass die Stacheln fehlen. Eine Klammer holt die Fachkraft aus der Hosentasche, zeigt sie und sagt dazu: *„Das könnte ein Stachel sein. Vielleicht können wir ein Spiel spielen und haben dann auch einen Igel mit Stacheln. Ich erzähle euch eine kleine Geschichte …“*

Igelgeschichte

Ein kleiner Igel machte sich auf den Weg und wollte die Welt erkunden. Er war aber kein gewöhnlicher Igel. Er war ein Igel ohne Stacheln. Darum hatte er etwas Sorge, dass er sich im Notfall gar nicht schützen könne. Es gab jedoch eine Möglichkeit für ihn, doch noch auf Wanderschaft zu gehen. Er nutzte einfach Klammern als Stacheln. Hier im Raum sind überall Klammern versteckt. Helft ihr dem Igel suchen?

Abschluss

Wenn alle Klammern gefunden wurden, können die Kinder sie anbringen und einen tollen Igel entstehen lassen. Dieser bedankt sich sehr am Ende des Morgenkreises und wünscht den Kindern viel Spaß beim Spielen.

Tipp

Kinder kommen beim gemeinsamen „Igelbau" meistens auf die Idee, sich gegenseitig Klammern an die Bekleidung zu klammern. Oft entwickeln sich aus solchen Spielen und Ideen viele weitere Möglichkeiten, mit denen sich feinmotorische Fähigkeiten, Umweltwissen, Motorik und soziale Kompetenzen sowie sprachliche Fähigkeiten fördern lassen.

Regenwurm

- **Material:** ein Bild oder Buch, auf dem ein Regenwurm abgebildet ist; Bindfäden oder Stoffreste als „Regenwurmattrappe“; Klanghölzer; ein braunes oder schwarzes Tuch

Begrüßungsrunde

Kinder finden in der Natur immer wieder Insekten und Würmer und beschäftigen sich tagelang in Gedanken damit. Eine solche Naturbegegnung wird im Morgenkreis aufgenommen und noch einmal besprochen. *„Gestern hast du einen Regenwurm im Sandkasten gefunden, möchtest du davon erzählen?“* oder *„Wer hat schon einmal einen Regenwurm gesehen?“*

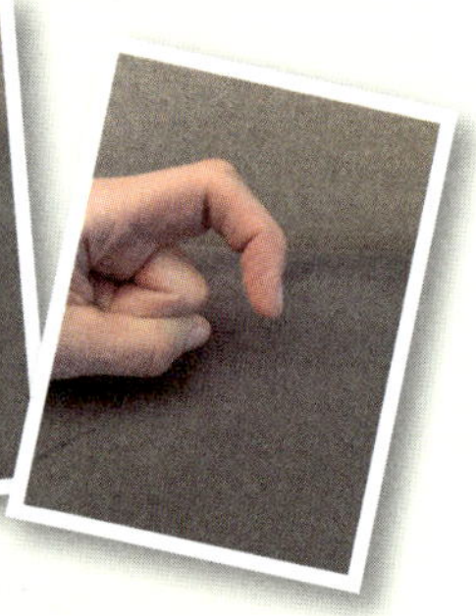

Weiter geht's

Zeigen Sie den Kindern spielerisch, wie sich der eigene Zeigefinger in einen Wurm verwandeln werden kann.

Die pädagogische Fachkraft macht vor, wie der Wurm am eigenen Arm emporkriechen kann und über den Kopf am anderen Arm herunter über die Beine ... Sie begleitet die Bewegung sprachlich: *„Mein Wurm kriecht meinen Arm entlang.“* Oder sie fragt: *„Wo ist denn der Wurm jetzt gelandet?“*, um so mit den Kindern ins Gespräch zu kommen.

Tipp

Ein Regenwurm lässt sich ganz leicht aus einem Bindfaden oder Stoffrest herstellen und ist so bestens zum „Herumkriechen“ geeignet.

Methodenwechsel

Das Lied *„Hört ihr die Regenwürmer husten"* lässt sich auf verschiedene Weise umsetzen, mal mit Fadenwurm, mal mit Klanghölzchen, mal mit Gesten. Es bietet sich auch an, um mit den Kindern über Niesen und Husten (in die Ellenbeuge) zu sprechen und es entsprechend vorzumachen.

Variante mit Gesten

„Hört ihr die Regenwürmer husten?"

Hörst du *(Hand an die Ohrmuschel)*
die Regenwürmer *(Mit dem Zeigefinger einen Wurm darstellen)*
husten? *(in die Ellenbeuge husten)*
Wie sie durchs dunkle Erdreich ziehen, *(auf dem Boden zeigen)*
wie sie sich winden und dann verschwinden, *(Wackelbewegungen machen mit Körper oder Hand)*
auf Nimmernimmerwiedersehen. *(winken)*
Und wo sie waren, da bleibt ein Loch, Loch, Loch *(Daumen und Zeigefinger formen ein Loch, eventuell hindurchsehen)*
und wenn sie wiederkommen heißt es immer noch, noch, noch … *(klatschen)*

Text: Georg Christian Dieffenbach,
Melodie aus My Fair Lady
Youtube-Video von Mareike Völkel:
https://www.youtube.com/watch?v=gu23xC-L4ek

Variante mit Fadenwurm

Der Fadenwurm wird von den Kindern aus einem Beutel genommen und kann über den Boden und Körper geführt werden. Hierbei wird der Pinzettengriff und das Überkreuzen der Körpermitte gefördert. Das Lied singen, dabei kann der Wurm zuerst einmal über die Beine kriechen, die Arme, den Kopf und von vorn nach hinten, links und rechts … In der Mitte liegt ein braunes Tuch, darunter kann der Wurm am Ende verschwinden; alternativ auch in der geballten Hand, indem er zwischen Daumen und Zeigefinger in die Faust gestopft wird.

Variante mit Klanghölzern

Mit Klanghölzern im Rhythmus zum Lied klopfend haben die Kinder das Erlebnis, in der Gruppe gemeinsam Musik zu machen. Bei der Zeile *„wie sie sich winden und dann verschwinden"* mit dem Klangholz auf dem Boden entlangfahren, schließlich verschwindet es unter den Beinen.

Fühlspiel

- **Material:** Birne, Apfel, zwei Beutel oder zwei Tücher, durch die nicht hindurchgeschaut werden kann

Begrüßungsrunde

Bei diesem Spiel geht es darum, den Tastsinn anzusprechen und sinnlich verschiedene Lebensmittel kennenzulernen. Die Kinder sollten die Birne und den Apfel zunächst betrachten und kennenlernen können, bevor sie die Früchte das erste Mal in einem Beutel ertasten. Möglich ist es, die Kinder zu bitten, Apfel und Birne anzusehen, zu befühlen und gern auch daran zu schnuppern. Das Obst wird im Kreis herumgegeben.

Weiter geht's

Dann wird, ohne dass die Kinder zusehen, eine Birne in einen Beutel und der Apfel in den zweiten Beutel gelegt.
Die Kinder dürfen fühlen, in welchem Sack sich Apfel oder Birne befinden. Wenn es keine Beutel gibt, können sie auch unter Tüchern versteckt und befühlt werden.

Methodenwechsel

Danach können alle gemeinsam das Lied: „In einem kleinen Apfel" singen, während ein Apfel aufgeschnitten und geteilt wird.

In einem kleinen Apfel

In einem kleinen Apfel,
da sieht es lustig aus:
Es sind da drin fünf Stübchen,
grad wie in einem Haus.

In jedem Stübchen wohnen
zwei Kerne schwarz und fein,
die sind darin und träumen
vom lieben Sonnenschein.

Sie träumen auch noch weiter,
gar einen schönen Traum,
wie sie einst werden hängen,
am lieben Weihnachtsbaum.

Text: volkstümlich, Melodie: W. A. Mozart
Youtube-Video von Mareike Völkel: https://youtu.be/rWG4dHmV_HM

Weitere Ideen

Um weiter in das herbstliche Thema mit Äpfeln und Tieren einzutauchen, bieten sich auch meine Reime, Vorlagen und Ideen aus meinem eBook „Apfel und Maus" an.

Licht

- **Material:** 1 elektrisches Teelicht, eventuell in einem Glas

Begrüßungsrunde

Zur Begrüßung im Kreis darf jedes Kind eine kleine Kerze (das kann ein elektrisches Teelicht sein) halten, sagen, wie es heißt und/oder wie es sich fühlt, und die Kerze an den Nachbarn weitergeben. Die Fachkraft macht es einmal vor, indem sie sagt: *„Ich bin Mareike und fühle mich heute froh“* oder *„Ich bin Mareike und bin heute noch etwas müde. Jetzt gebe ich die kleine Kerze an Anni weiter.“*

Gut zu wissen

Das Besondere ist, dass so jedes Kind einmal kurz im Mittelpunkt steht, aber nicht fortlaufend fokussiert wird. Es erlebt einmal, dass es etwas bekommt, besitzt und dann auch weitergeben kann.

Weiter geht's

Die erwachsene Person kann nach der Runde fragen, woran sich erkennen lässt, dass sich jemand fröhlich oder vielleicht traurig oder wütend fühlt. So kann das Lachen und das dazu gehörende Gefühl thematisiert werden.
Vielleicht bietet es sich an, dass alle Kinder einmal besonders müde, wütend und dann traurig schauen.

Abschluss

Abschließend sollte der fröhliche Gesichtsausdruck ausprobiert und am besten fröhlich gelacht werden. Dass das Lachen mit einem guten Gefühl verbunden ist, das man lachend an andere Menschen weitergeben kann, wird in dem kurzen Reim schön zusammengefasst.

Mein Lachen

Mein Lachen teile ich mit dir.
Lach' ich mit dir, lachst du mit mir.
So teilen dann wir beide
unsere große Freude.
Das Lachen wird immer mehr.

Text: Mareike Völkel

Der Herbst holt Drachen sich zum Tanz

Winter

Die Winterzeit bietet sich an, um mit den Kindern Wetterereignisse zu beobachten, beispielsweise Schnee und Eis zu befühlen sowie aufzutauen, Temperaturen wahrzunehmen, sich über passende Bekleidung oder auch einheimische Tiere im Winter zu unterhalten. Außerdem liegen einige Feste in dieser Jahreszeit und können in pädagogischen Angeboten Berücksichtigung finden. Wenn sich Kindergruppen häufiger im Innenbereich aufhalten, kann diese Zeit noch intensiver für pädagogische Angebote genutzt werden. Die in den Sommermonaten neu hinzugekommenen Gruppenmitglieder sind meistens gut angekommen, sodass die sozialen Strukturen stabiler werden.

Schneeflöckchen und Winter

- **Material:** weiße Pompons, große (blaue) Decke oder ein Laken, Teelichter, elektrische Kerzen, Chiffontücher

Begrüßungsrunde

Weiße Pompons werden im Morgenkreis zu Schneeflocken, die auf einem großen Laken, das von allen Kindern an einem Zipfel gehalten wird, in die Luft fliegen. Dabei zu flüstern und das Schwingen langsam zu steigern, bis die Schneeflocken durch die Luft wirbeln, nimmt auch Kinder mit, die sich durch viele Kinder, die in Bewegung sind, leicht verunsichert fühlen.

Weiter geht's

Dazu passt das Lied *„Schneeflöckchen Weißröckchen"*. Die Kinder können die Aktion mehrmals wiederholen, wenn sie die Pompons gemeinsam einsammeln, was das Gemeinschaftsgefühl anregt. Ein bewegter Morgenkreis entsteht.

Schneeflöckchen, Weißröckchen

Schneeflöckchen Weißröckchen, wann kommst du geschneit?
Du wohnst in den Wolken, dein Weg ist so weit.
Komm setz dich ans Fenster, du lieblicher Stern,
malst Blumen und Blätter, wir haben dich gern.

Schneeflöckchen Weißröckchen, deckst die Blümelein zu,
dann schlafen sie sicher, in himmlischer Ruh'.
Schneeflöckchen, Weißröckchen, komm zu uns ins Tal.
Dann bau'n wir den Schneemann und werfen den Ball.

Text: Hedwig Haberkern, Melodie: volkstümlich
Youtube-Video von Mareike Völkel:
https://www.youtube.com/watch?v=QX9inXEqvO8

Methodenwechsel

Einige weiße Kugeln können Platz in der Kreismitte finden. Sie schaffen mit elektrischen Kerzen und einem Chiffontuch eine besondere Atmosphäre und lassen die vom Tanzen und Toben erschöpften Kinder zur Ruhe kommen. Um diesen Wechsel zu unterstützen, empfiehlt es sich, leise und langsam zu sprechen. Jedes Kind darf eine „Schneekugel" in der Hand behalten und beschreiben, wie sie sich anfühlt.

Weitere Ideen

Die Pompons können aufgefädelt oder sortiert werden. Zum Sortieren können die Kinder versuchen, mit einer Zange zu arbeiten. Mit den Fingern im Pinzettengriff die Gläschen zu füllen, ist eine wundervolle feinmotorische Herausforderung.

Gut zu wissen

Kinder, die in ihren Körperfunktionen eingeschränkt sind, können teilhaben, da die Aktion auch im Sitzen ausgeführt werden kann. Es wird das Gruppengefühl angesprochen, ein gemeinsames Erlebnis entsteht. Jedes Kind kann Teil der Aktion sein und ist wichtig. Sehr sensible Kinder können zunächst zusehen und später entscheiden, ob sie dazukommen wollen.

Vögel im Winter

- **Material:** Foto von einer Meise und Schneeglöckchen oder ein Stofftiervogel und ein künstliches Schneeglöckchen sowie ein paar Sonnenblumenkerne

Begrüßungsrunde

Die Bilder oder Stofftiere liegen, zunächst verdeckt, im Kreis. Wenn alle Kinder beisammen sind, wird die Decke entfernt, sodass die Materialien gut sichtbar für die Kinder zu betrachten sind. Wenn die Kinder die kleine Meise erblicken, werden sie vermutlich signalisieren, dass sie einen Vogel erkennen, indem sie das Geräusch: „Piep piep" artikulieren. Die pädagogische Fachkraft sollte die Kinder in ihrem Ausdruck bestätigen und die Geräusche wiederholen.

Weiter geht's

Dann erklärt sie, dass es sich um eine kleine Meise handelt, die im Winter leider nicht mehr viel Futter findet, hungrig ist und gern ein paar Körnchen Sonnenblumenkerne picken würde. Dabei kann sie mit dem Zeigefinger eine pickende Geste in die eigene Handfläche andeuten und somit zum Nachahmen anregen.
Da für viele Kinder das Thema Essen alltagsorientiert und lebensnah ist, können sie sich mit der Situation der Meise leicht identifizieren und einfühlen.
Dazu passt das Lied *„Kleine Meise"*, das mit Materialien und entsprechenden Gesten in Bewegung umgesetzt werden kann.

Kleine Meise

Kleine Meise, kleine Meise, sag wo kommst du denn her?
Suchte Futter, suchte Futter, aber alles war leer.
(mit den Schultern zucken und ein trauriges Gesicht machen)

Kleine Meise, kleine Meise und was willst du bei mir?
Ein paar Körnchen, ein paar Körnchen und ich dank dir dafür.
(mit dem Zeigefinger auf die Handfläche tippen)

Kleine Meise, kleine Meise, bitte sing mir ein Lied!
Erst im Frühling, erst im Frühling, wenn das Schneeglöckchen blüht.
(das Bild/Schneeglöckchen zeigen)

Kleine Meise, kleine Meise, wohin fliegst du nun fort?
In mein Nestchen, in mein Nestchen, denn schön warm ist es dort.
(die Hände zu einem Nest formen)

Text und Melodie: Alfred Kalcher
Youtube-Video von Mareike Völkel:
https://www.youtube.com/watch?v=W_vt_GGuIC8

Methodenwechsel

Wenn das Lied bekannt ist, können die Kinder ein Kreisspiel ausprobieren. Ein Kind ist die Meise und flattert im Kreis herum zum Kind, das ihm Futter anbietet. Die Kinder erfahren, dass es ein gutes Gefühl ist, etwas abgeben zu können, und auch, wie es ist, etwas geschenkt zu bekommen.

Tipp

Können wir den Vögeln draußen etwas Gutes tun? Vogelfutter lässt sich leicht selbst herstellen, und die Kinder helfen mit. In meinem eBook „Vögel“ finden sich vielfältige Idee und weitere Lieder zur Umsetzung im Morgenkreis.

Auf der Website des NABU finden Sie Futterrezepte (Fett, Körner, Tontöpfe).

Schneemann bauen

- **Material:** 3 größere Kreise und 2 kleine Kreise aus weißem Filz oder weißer Pappe oder Papier, 1 Hut (gemalt oder ein „echter" Hut), 1 Möhre (natur oder als Bild), Knöpfe, ein kleiner Besen (als Foto oder in echt)

Begrüßungsrunde

Die Utensilien liegen unter einer Decke in der Kreismitte. Wenn alle Kinder beisammen sind, die Decke entfernen, sodass der Blick auf das Material frei wird. Die Kinder werden einbezogen, indem sie frei heraus sagen dürfen, welche Dinge sie erblicken, welche Farben und Formen sie sehen. Die Kinder können durch dieses Angebot die Form „rund" bewusst erfahren.

Weiter geht's

Wenn die Kinder es nicht von sich aus vorschlagen, kann die pädagogische Fachkraft anbieten, einen Schneemann aus diesen Materialien zu legen. Dazu sagt sie den Reim *„Schneemann bau'n"* auf und legt langsam alle Teile zusammen.

Schneemann bau'n
Eine große Kugel hier, eine große Kugel da,
das ist einfach wunderbar.
Jetzt kommt Kugel Nummer 3,
Augen, Nase, Hände zwei.
Noch ein Besen und ein Hut,
das steht meinem Schneemann gut.
Text: Mareike Völkel

Abschluss

Der Schneemann wird betrachtet und besprochen. Mögliche Fragen sind: *„Wie sehen unsere Gesichter aus?"*, *„Wer hat schon einmal Schnee gesehen und gefühlt?"*, *„Welche Formen haben die Kugeln?"* So können Sie mit den Kindern über den Körper und die Körperteile ins Gespräch kommen.

Hallo, Hallo

- **Material:** zwei Telefonapparate / Handys

Begrüßungsrunde

Die Fachkraft kommt mit den Kindern in das Gespräch, indem sie beispielsweise fragt, wer weiß, welche Objekte in der Mitte liegen oder wer schon einmal telefoniert hat.

Gut zu wissen

Die Kinder werden vermutlich schon von sich aus auf die Telefonapparate oder Handys zeigen, da sie diese Objekte kennen. Spannend wird es, wenn auch ein älteres Haustelefon dabei ist und die Kinder eine Wählscheibe ausprobieren oder Tasten drücken können. Viele Kinder haben schon einmal telefoniert und können an das folgende Angebot anschließen. Kinder, die eher zurückhaltendes Verhalten zeigen und ruhiger wirken, fühlen sich oft ermutigt, einmal auszuprobieren, aktiver in der Gruppe zu sein, oder sie nehmen diese Spielidee in das Freispiel mit und erweitern es.

Weiter geht's

Dann bietet es sich an, den „Telefon, Telefon"-Reim aufzusagen und spielend zu begleiten.

Telefon, Telefon

Telefon, Telefon – wer ruft an?
Telefon, Telefon – wer ist dran?
Ich sag laut: „Hallo" – Oma freut sich so
Oma das ist schön – Kuss – auf Wiedersehen

Text und Melodie:
Anett Kölpin / Kitakiste.com

Danach wird gefragt, ob auch andere Kinder das Telefonieren einmal ausprobieren wollen. Die Fachkraft wählt die Kinder aus, die das das Spiel gern ausprobieren möchte und sagt wiederholt den Reim auf. Der Name des Kindes wird anstelle der „Oma“ eingebunden, und es darf auch eine kleine Unterhaltung entstehen. Die Kinder dürfen nun ausprobieren, miteinander zu telefonieren.

Weitere Idee

Vielleicht kann ein Gespräch darüber entstehen, dass zur Begrüßung so etwas wie *„Hallo“* und zum Abschluss eine Floskel wie *„Tschüssi“* oder *„Auf Wiedersehen!“* gesagt werden kann. Oder auch, dass sich die Menschen beim Telefonieren, außer beim Videoanruf, nicht sehen können und darum jeder seinen Namen nennen sollte: *„Hallo, hier ist Lisa. Ich möchte dich sprechen.“* Wenn Kinder älter werden, kann das Thema noch einmal aufgegriffen werden, wenn es darum geht zu vermitteln, einen Notruf abzusetzen.

Abschluss

Zum Schluss kann besprochen werden, wo die Telefone im Gruppenraum zu finden sind.

Frühling

Im Frühling lässt sich prima das Leben, das Wachsen und das Neue bestaunen. Blumen erblühen und es gibt auch bei den Tieren viel zu beobachten. Woher kommen die Tierbabys, die überall zu erblicken sind? Die kleine Meise und andere Vögel bauen Nester und legen Eier hinein. Diese bergen für Kinder oft Geheimnisvolles. Insbesondere an Ostern lässt sich dieses Thema wunderbar aufgreifen.

Eiergeschichten

- **Material:** für jedes Kind wird ein Ei im Raum versteckt (aus Plastik, Styropor, Holz oder gekochte Eier); eventuell vorhandene „eierlegende“ Kuscheltiere (Huhn, Krokodil, Vögel) oder Bilder von Tieren, die aus Eiern schlüpfen (Bücher, Postkarten, Fotos); ein Säckchen oder eine Decke

Begrüßungsrunde

Welche Tiere schlüpfen aus Eiern? „Eierlegende“ Stofftiere sollten unter einem Tuch versteckt in der Kreismitte liegen. Wenn Bilder von Tieren genutzt werden, können sie im Säckchen bereitliegen.

Hinweis: Die Beschäftigung mit Eiern bietet sich rund um das Osterfest an, kann aber natürlich auch ohne jegliche Bindung daran erfolgen und passt in den Frühling, wenn die Vögel beginnen, Nester zu bauen. Es könnte beispielsweise an die „Kleine Meise“ und das Nestchen erinnert werden (siehe S. 27)

Werden die Kinder im Morgenkreis danach gefragt, ob sie Tiere kennen, die aus einem Ei schlüpfen, antworten einige bestimmt: „Meise“ oder „Huhn“, vielleicht auch: „Dinos“. Ob die Ente, das Krokodil, das Schnabeltier oder die Schildkröte – es gibt zahlreiche Tiere, die aus Eiern schlüpfen.

Weiter geht’s

Wenn das Thema besprochen wurde, die Tiere nach und nach aus einem Säckchen hervorholen bzw. die Decke entfernen und die Namen nennen. Dann wird ein Ei herumgereicht, das jedes Kind einmal fühlen und betrachten darf.

Methodenwechsel

Anschließend sollte ein bewegtes Spiel – eine Eiersuchaktion – angeboten werden. Wer findet die zuvor im Raum versteckten Eier? Dekoeier, aber auch gekochte Eier sind prima geeignet.

Abschluss

Dekoeier können an einen Osterstrauch gehängt werden.

Weitere Ideen

Einige Kinder verstecken Eier im Raum und andere Gruppenmitglieder suchen diese. Nach einer Runde wird getauscht. Möglich wäre, die Eier anschließend zu zählen.

Bienen und Blüten

- **Material:** mehrere Blüten (selbst gemalt oder als Fotos oder Dekoblumen), Bild von einer Biene

Begrüßungsrunde

Im Kreis sind die Blumen ausgelegt sowie das Bild einer Biene. Vermutlich tun einige Kinder kund, was sie in der Mitte erblicken. Nach diesem ersten interaktiven Moment lenkt die pädagogische Fachkraft die Aufmerksamkeit auf sich, indem sie erzählt, dass Bienen zu den Blüten fliegen, um Pollen zu sammeln. Das wird gestisch mit dem Zeigefinder und verbal mit: „Sssss“ begleitet.

Weiter geht's

Die Kinder werden ermuntert, ihre Zeigefinger auch als Bienen fliegen zu lassen. Der „*Fünf-Bienen-Mitmachreim*“ regt zur aktiven Beteiligung an. Er sollte mindestens zweimal wiederholt werden, damit die Kinder die Möglichkeit haben, nach dem ersten Erfassen des Reims mitzumachen.

Fünf-Bienen-Mitmachreim

Fünf Bienen fliegen durch die Luft. *(5 Finger einer Hand bewegen sich in der Luft)*
Sie schnuppern süßen Blumenduft. *(riechen)*
Eine setzt sich nieder und dann fliegt sie wieder *(Blume mit dem Zeigefinger antippen und wieder wegfliegen)*
einfach weg zur nächsten Blume, *(wieder auf die Blume tippen)*
sammelt eine Pollenkrume. *(Mit der Fingerspitze etwas am Boden kratzen)*
Schwer beladen fliegt sie dann, *(Hand bewegt sich durch die Luft)*
strengt sich an so gut sie kann,
schnell ins schöne Bienenhaus, *(andere Hand zur Faust formen)*
ruht sich dort ganz kurz nur aus. *(Zeigefinger in die halb geöffnete Faust legen)*

Text: Mareike Völkel

Methodenwechsel

Ein Gespräch mit den Kindern – altersentsprechend – über Anstrengung und Erholung könnte sich anschließen: *„Was ist für dich anstrengend?"*, *„Wie ruhst du dich aus?"* Und auch Bienen, Pollen, Honig und Umwelt bieten spannende Impulse, um ins Gespräch zu kommen: *„Hast du schon eine Biene gesehen?"*, *„Schmeckt dir Honig?"*, *„Welche Farbe haben deine Lieblingsblumen?"*

Weitere Ideen

Wie wärs, im Anschluss an den Morgenkreis draußen im Garten nach Bienen und Blüten zu suchen? Natürlich darf der Hinweis nicht fehlen, dass diese nicht berührt werden dürfen.

Farben

- **Material:** Je 3 gleichartige verschiedenfarbige Dinge in Rot, Gelb und Blau, beispielsweise 3 Bälle aus dem Bällebad oder 3 Bausteine oder 3 Tücher

Begrüßungsrunde

Bei der Begrüßung im Morgenkreis wird bemerkt, dass einige Kinder einen roten Pullover oder eine blaue Hose tragen. Altersentsprechend könnten die Kinder selbst fortführen, welche Farbe die entsprechenden Kleidungsstücke, die sie an diesem Tag tragen, haben.

Weiter geht's

Die bereitgelegten gleichartigen, verschiedenfarbigen Dinge werden hervorgeholt und Farben benannt oder eine bestimmte Farbe gesucht: *„Schaut mal, hier liegen drei Tücher – wo liegt denn das rote Tuch?"*

Hinweis: Mit diesem Spiel lässt sich eine Rot-Grün-Schwäche erkennen.

Methodenwechsel

Anschließend bietet es sich an, die Kinder zu bitten, alle Dinge im Raum zu suchen, die rot sind, und sie zum roten Tuch zu legen. Wenn es die Konzentrationsspanne zulässt, sind danach die anderen Farben an der Reihe. So entstehen bunte Häuflein, die bestaunt und am Ende natürlich gemeinsam wieder aufgeräumt werden.

Weitere Ideen

In einem Kreativangebot können die Kinder mit Farben experimentieren, beispielsweise die drei Grundfarben miteinander vermischen.

Sommer

Im Sommer sind die Tage lang, es ist warm, alles blüht, überall fliegen Insekten, die Menschen halten sich gern im Freien auf. Ein Morgenkreis kann draußen im Gras oder im Sandkasten besonders spannend sein. Aus dem Urlaub bringen die Kinder Dinge mit – aus nah und fern. Spannend, all diese Dinge zu betrachten und zu begreifen.

Formen

- **Material:** 1 Ball, Tuch, verschiedene eckige oder runde Gegenstände, 1 (Schaumstoff-)Würfel

Begrüßungsrunde

Ein Ball liegt bei der pädagogischen Fachkraft. Unter einem Tuch verborgen sind runde oder eckige Dinge, unter anderem ein (Schaumstoff-)würfel.
Da Bälle einen großen Aufforderungscharakter haben, werden die Kinder höchstwahrscheinlich von sich aus mit dem Ball spielen wollen. Darum kann zur Begrüßung in einer Art Spiel der Ball von Kind zu Kind gerollt werden. Nach einer kurzen Erklärung des Begrüßungsspiels beginnt die erwachsene Person, indem sie sagt, wie sie heißt, und den Ball zum Nebenplatz rollt. *„Ich heiße Mareike."* So geht es reihum.

Hinweis: Möglich wäre auch, zusätzlich zu sagen, wie der Name des Kindes lautet, das neben der Person sitzt, die den Ball hat. *„Ich bin Mareike und neben mir sitzt Jannes."*
Wenn der Ball bei der pädagogischen Fachkraft wieder angekommen ist, kann sie zusammenfassen, dass ein Ball sich prima rollen lässt, weil er rund ist und keine Ecken hat.

Weiter geht's

Nach der Begrüßungsrunde lädt die Fachkraft die Kinder zu einem Spiel ein, indem sie kurz erklärt, dass sie sich gleich nacheinander einen Gegenstand nehmen dürfen, wenn sie die Decke entfernt hat. Jedes Kind darf überlegen, ob er rund ist oder nicht, und etwas darüber erzählen. Die Fachkraft macht es einmal vor: *„Ich nehme mir den Würfel, weil ich ausprobieren möchte, wie er sich bewegen kann. Er ist nicht rund."* Anhand des Würfels kann sie dann zeigen, was Ecken sind. Eine andere erwachsene Person im Kreis könnte sagen: *„Ich nehme mir die Murmel. Sie ist rund. Und ich finde sie besonders schön, weil sie rot ist, glatt und durchsichtig."* Wenn ein Kind die Form nicht benennt, aber beispielsweise sagt, dass es gern mit dem Würfel spielen möchte, kann das zusammenfassend noch einmal benannt werden: *„Du hast dir also den Würfel genommen, weil du gern damit spielen möchtest. Er ist eckig."*

Hinweis: Oft ahmen die Kinder das Verhalten der erwachsenen Person nach. So werden vermutlich viele ihren Gegenstand auch bewegen wollen, wenn es so vorgemacht wurde.

Weitere Idee

Es kann verabredet werden, gleich im Anschluss im Außenbereich nach runden Dingen zu suchen.

Wir fahren

- **Material:** 1 Känguruhandpuppe mit Baby im Beutel oder: Vorlagen aus dem eBook „Känguru“ von Mareike Völkel

Hinweis

In der Eingewöhnungszeit ist es wichtig, besonders behutsam und feinfühlig auf die Gefühle und Bedürfnisse der neuen Kinder einzugehen, indem Themen aus ihrer Gefühlswelt aufgegriffen werden. Tiere bieten sich zur Identifikation an, lassen aber auch die Option frei, das eben nicht zu tun. Der „Urlaub“ oder eine „Reise um die Welt“ sind geeignete übergreifende Themen. Konkret geht es im folgenden Beispiel um ein Känguru (oder ein anderes Beuteltier, wie den Koala).

Um das kleine Känguru herum wird eine Geschichte erzählt, die vielfältig abgewandelt werden kann, aber folgende Grundstruktur hat: Das kleine Beuteltier mag zunächst gern im Beutel der Mama sein, beschließt aber irgendwann, sich hinauszubegeben, um die Welt zu erkunden.

In die Geschichte rund um das kleine Känguru werden die Kinder aktiv eingebunden. Die Themen Trennung und Ablösung, Neugier, Mut, Freude am Neuen, aber auch Angst, Alleinsein, Hilfe von anderen annehmen etc. können aufgegriffen werden. Durch feinfühliges Beobachten und Eingehen auf das Verhalten des neu integrierten Kindes kann die pädagogische Fachkraft individuell entscheiden, wie das Känguru sich verhalten könnte.

Begrüßungsrunde

Die Fachkraft hat die Känguruhandpuppe auf dem Arm und das kleine Tier im Beutel spricht mit einzelnen Kindern. Sie kann die Kinder auffordern, dem kleinen Känguru beim Heraushüpfen aus dem Beutel zu helfen, wenn es darum gebeten hat.

Weiter geht's

Passend dazu kann das folgende Lied gesungen oder als Reim aufgesagt werden.

Kängurusong

Ein Känguru ganz klein und fein, das wollte nicht alleine sein.
Hüpfe hüpf hüpf hüpf, hüpfe hüpf hüpf hüpf, hüpfe hüpf hüpf hüpf hüpf hüpf.

Es schaute aus dem Beutel raus und hüpfte in die Welt hinaus.
Hüpfe hüpf hüpf hüpf, hüpfe hüpf hüpf hüpf, hüpfe hüpf hüpf hüpf hüpf hüpf.

Es traf ganz viele Freunde dort, dann hüpfte es schon wieder fort.
Hüpfe hüpf hüpf hüpf, hüpfe hüpf hüpf hüpf, hüpfe hüpf hüpf hüpf hüpf hüpf.

Und kam dann bei der Mama an, erzählte, was es alles kann.
Hüpfe hüpf hüpf hüpf, hüpfe hüpf hüpf hüpf, hüpfe hüpf hüpf hüpf hüpf hüpf.

Es hüpfte in den Beutel zurück und fühlte, sein Herz war voller Glück.
Hüpfe hüpf hüpf hüpf, hüpfe hüpf hüpf hüpf, hüpfe hüpf hüpf hüpf hüpf hüpf.

Zum Abend und zur lieben Ruh macht es den Beutel wieder zu.
Hüpfe hüpf hüpf hüpf, hüpfe hüpf hüpf hüpf, hüpfe hüpf hüpf hüpf hüpf hüpf.

Text: Mareike Völkel,
Melodie: „Die Vogelhochzeit"
Youtube-Video von Mareike Völkel: https://youtu.be/P3WkKMGnZ4o

Pferdchen

- **Material:** Klanghölzer (wenn vorhanden Kastagnetten, Klappern und Baumscheiben), Pferde-Tierfiguren, Bürsten und Creme, 1 Hufeisen, Vogelgezwitscher von einem Datenträger oder eine Vogelpfeife, Entspannungsmusik, evtl. ein Steckenpferd

Begrüßungsrunde

Klanghölzer und Klappern, Kastagnetten, Baumscheiben liegen in der Kreismitte. Creme und Bürsten stehen auf einem Regal bereit. Pferdefiguren und Hufeisen liegen unter einem Tuch oder in einem Sack in der Nähe der Fachkraft.
Sie fragt die Kinder, welche Tiere sie kennen. Das Pferd kann am Ende der Fragerunde eingebunden werden, wenn es nicht von den Kindern genannt wird.

Weiter geht's

Das Tuch in der Kreismitte wegnehmen oder die Pferdefiguren aus dem Säckchen hervorholen. Die Figuren werden im Kreis herumgereicht, jedes Kind hat Zeit, sie zu betrachten und zu befühlen.
Die Fachkraft ahmt dann Geräusche wie das Wiehern und Schnauben nach, auch das Galoppieren, indem sie mit der Zunge schnalzt. Das ermuntert die Kinder, selbst Pferdegeräusche nachzuahmen, was die mundmotorischen Fähigkeiten und die Kreativität anregt.

Die Fachkraft regt die Kreativität der Kinder an, indem sie fragt: „*Wie könnten wir Pferdegeräusche noch nachahmen?*“ Das Klopfen auf die Oberschenkel beispielsweise hört sich wie Hufgeklapper an.
Die Kinder berühren das Hufeisen in der Kreismitte und fühlen vielleicht, wie schwer es ist. Die Fachkraft erzählt, dass die Hufe wie Schuhe, die oft dreckig werden, gepflegt werden müssen.
Wenn die Kinder von sich aus noch nicht auf die Idee gekommen sind, Hufgeklapper mit den Instrumenten und Naturmaterialien nachzuahmen, lenkt die Fachkraft die Aufmerksamkeit auf die Kreismitte. Mit Klanghölzern und Baumscheiben, Kastagnetten und Klappern können die Kinder das Laufgeräusch der Hufe ausprobieren. Entsprechend den Fähigkeiten der Kinder kann mit dem Tempo gespielt werden: Geht ein Pferd langsam im Schritt, wird entsprechend langsam geklopft. Dann wird es immer schneller und trabt, bis es schneller und schneller im Galopp läuft – entsprechend wird auch immer schneller geklopft.

Methodenwechsel

Anschließend können die Kinder selbst wie kleine Pferdchen durch den Raum galoppieren, traben oder gehen. Hierbei werden motorische Fertigkeiten, die Tiefenwahrnehmung, aber auch soziale Fähigkeiten angesprochen und ein Tempobewusstsein vermittelt.

Abschluss

Zum Schluss setzen sich alle Kinder und dürfen ihre Hufe (Füße) pflegen, indem sie die Strümpfe ausziehen, die Füße bürsten und anschließend eincremen. Das regt die sensorische Wahrnehmungsverarbeitung und das Bewusstmachen des Körperschemas an. Dazu kann entspannende Vogelgezwitschermusik abgespielt werden.

Weiter spielen mit Krippenkindern

Ingrid Biermann
Sinne erleben in der Krippe
0 - 3 Jahre
96 Seiten | Kartoniert
ISBN 978-3-451-39349-5

Ingrid Biermann präsentiert originelle und leicht umsetzbare Spielimpulse und Angebote rund um die ganzheitliche (Wahrnehmungs-) Förderung von Krippenkindern. Sie zeigt, wie sich anregungsreiche Spielmaterialien selbst herstellen lassen, wie mit Fingerspielen, Mitmach- und Bewegungsangeboten sowie besonderen Aktionen sinnvoller Schwung in den Alltag mit den Jüngsten kommt, umrahmt von verlässlich gestalteten Ritualen.
Der bewährte Klassiker – jetzt neu überarbeitet und aktualisiert!

Nadia Quast
Feste feiern mit Krippenkindern
80 Seiten | Geheftet
ISBN 978-3-451-38704-3

Rituale sind für kleine Kinder wichtig, um Orientierung und Sicherheit zu erfahren. Für sie sind Traditionen und Jahresrhythmen noch neu, deshalb kommt den pädagogischen Fachkräften in der Krippe die Aufgabe zu, sie achtsam ins Thema „Feste" einzuführen. Wie jüngere Kinder die besondere Atmosphäre der Festtage erleben können, dabei gleichzeitig auf spielerische Weise etwas über ihre Hintergründe und Symbolik erfahren, zeigt Nadia Quast. Im Vordergrund steht bei allen Angeboten der Spaß und das Erleben von Gemeinschaft.

In jeder Buchhandlung!

HERDER

www.herder.de